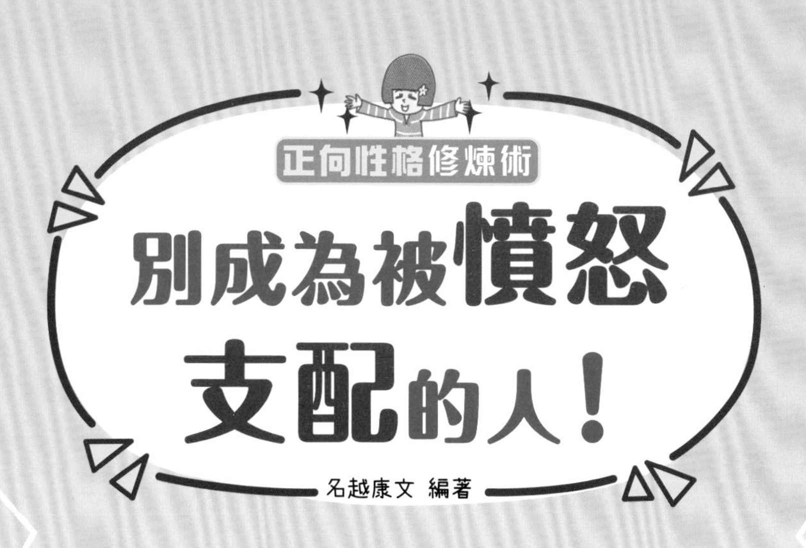

新雅文化事業有限公司
www.sunya.com.hk

大家好！咦？
突然發現4位正在發怒及覺得焦躁的小朋友。
有一隻會令人感到不愉快的怪獸，正在從他們的心裏走出來。

她是一位不太喜歡表達自己意見的女孩子。每當感到憤怒時，她通常只會哭起來。

他是個開朗又率直的男孩子。然而在他感到憤怒的時候，會拿東西來出氣，或是跟別人吵架。

尖酸吉茂
他擅長彈奏小提琴及打乒乓球。不過他會把憤怒埋在心底，然後常常說出嘲諷別人的說話。
嗯嗯
嗱嗱
啊呀！
怒吼桐美
她憧憬自己是公主，是一位很活潑的小女孩。然而感到憤怒的時候，她會不由自主地大聲責罵對方。

嘩！嚇了一跳！大家心裏的憤怒和焦躁突然化身成一隻怪獸，出現在大家眼前。

這隻怪獸叫怒氣小子，他無時
無刻都一副氣沖沖的樣子！

因為這刻他們每個人都很憤怒和焦躁，所以怒氣小子的身體變得紅通通！他們跟朋友吵架，白白浪費了精力，好像沒什麼好事情呢。

咦？原來他們沒有生氣的時候，
怒氣小子的身體是藍色的，而且小朋
友們和怒氣小子都十分和藹可親。

看來怒氣小子也不喜歡自己的身體因為憤怒而變成紅色。他希望身體可以保持藍色，所以小朋友們減少發怒和焦躁會比較好。

請不要令我變成紅通通的！

其實，大家是可以與憤怒的情緒共處的。

但是，究竟應該怎樣做呢？接下來，我們一起想想吧！

編者的話

我曾經因為聽了朋友無心的話而變得非常憤怒。雖然當時很想跟朋友說出憤怒的感受，但是最後卻什麼也說不出來。各位試過這樣的經歷嗎？憤怒是自己內心的感受，眼睛看不見，耳朵也聽不見，確實是很難應付。真的沒有辦法可以處理嗎？

這本書希望使大家更易掌握到跟憤怒相處的方法。「好好相處」不代表忍住憤怒，畢竟憤怒不是壞的東西，也不是危險的東西。任何人也會生氣，這是一種很自然而且很重要的情緒。我們不是要努力消除怒氣，而是要學會面對自己的憤怒，不要被憤怒擺布，並且可以自己控制怒氣。

其實，不單是小朋友很難跟憤怒好好相處，大人也一樣。當然，我比大家的年歲大一點，秘訣也自然掌握多一點，即使仍然未能做到完美。所以，要成為不被憤怒擺布的自己應該怎樣做呢？我想和大家一起去思考。

希望大家可以透過這本書，掌握跟憤怒好好相處的方法，令自己變得更爽朗，快樂地度過每一天！

名越康文

目錄

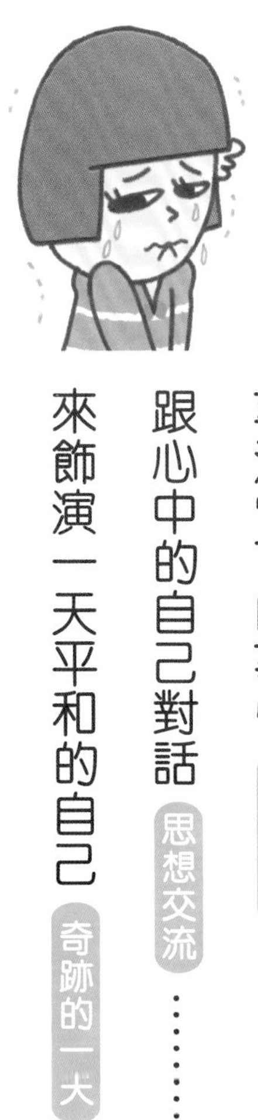

第2章　憤怒的時候怎麼辦？

第3章 成為一個不容易生氣的人

第4章 學會表達憤怒

第1章

什麼是憤怒？

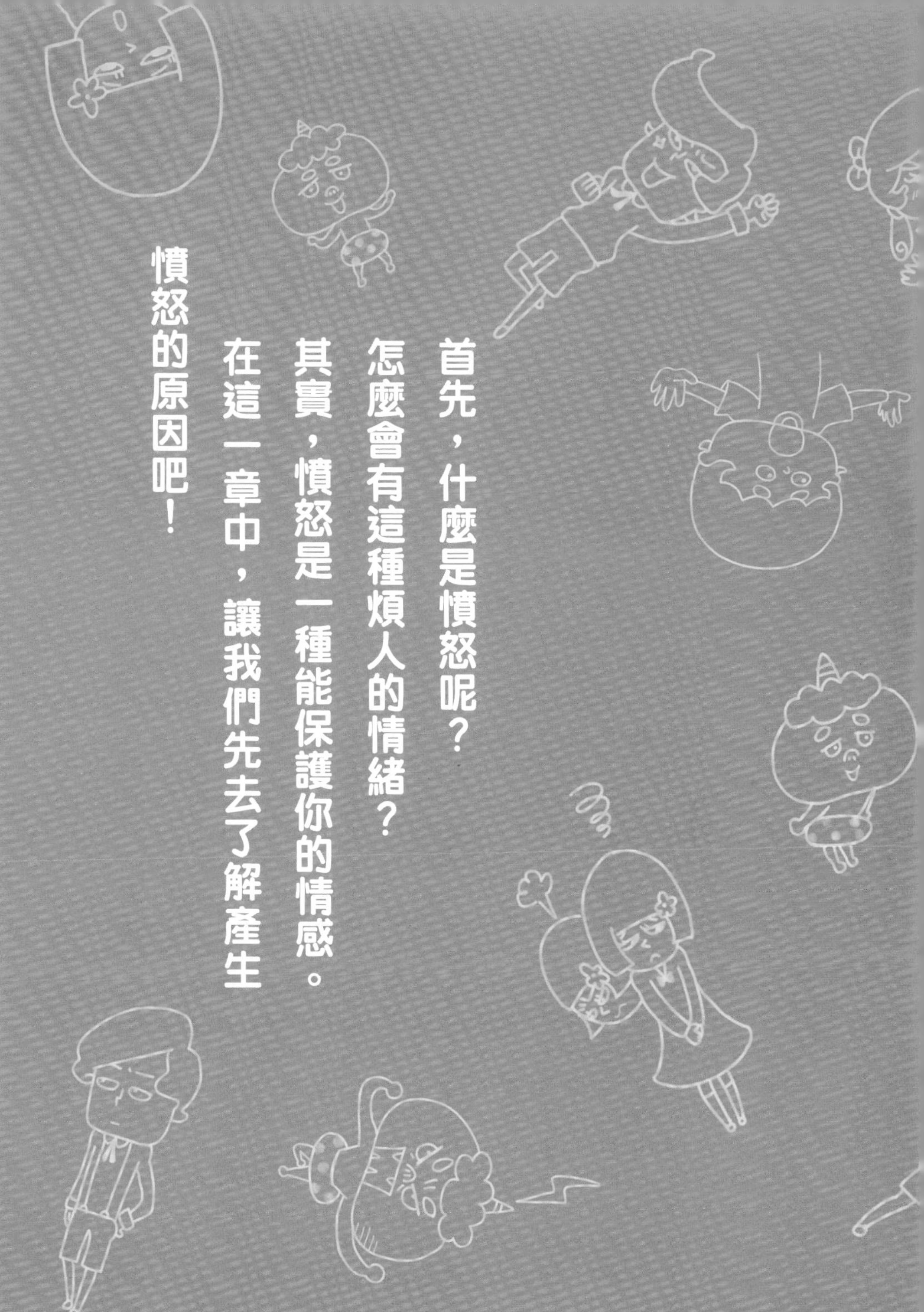

首先，什麼是憤怒呢？
怎麼會有這種煩人的情緒？
其實，憤怒是一種能保護你的情感。
在這一章中，讓我們先去了解產生
憤怒的原因吧！

憤怒是一件很自然的事

為什麼人會憤怒呢？如果憤怒不存在的話，人明明可以快樂地生活。

但是，人是會憤怒的生物。與開心和悲傷一樣，憤怒是其中一種自然產生的情感。無論怎樣忍耐，怒氣也不會消除。

況且，怒氣並不是只有壞處呢！

暴躁吉田心裏有各式各樣的情感，而憤怒就是其中一種。其實所有情感都一樣，是自然而且重要的。

動物真的也會憤怒麼？

其實，不單人類會生氣，動物也會生氣。以鹿為例，一旦看見有其他動物闖入自己的範圍內，就會發怒並且趕走牠。你覺得原因是什麼呢？

這是因為在這個範圍裏，有自己所需的食物。如果其他動物進入自己地盤的話，這些食物就會被吃掉。若是這樣，那隻鹿可能就會因為缺乏食物而死。因此，鹿會為了保護自己而發怒。

怒氣是用來保護自己的

人類也一樣。以你為例，如果你被某人打了，你會發怒並說「停手！」。這是為了保護自己，以免受到傷害。

此外，被人戲弄的時候，你會很憤怒並說「太過分了！」。這是因為避免自己的內心受到傷害，所以用怒氣來保護自己。

也就是說，憤怒是為了保護自己的身體或內心的一種情感。

你！走開！
這是什麼？
生氣
正在玩耍的地方被別人霸佔了，煩死了！

你的髮型
怪怪的～
嘻嘻
冒火
緊握拳頭
啊哈哈哈
滿意的髮型卻被朋友形容為怪怪的，我受夠了！
嘿嘿
嘿嘿
粗暴地解開我弄得漂亮的蝴蝶結，我不會原諒你！
嚶嚶
朋友竊竊私語，可能在說我的壞話，這令我很不安。
啊！

各樣的情感會成為憤怒的種子

生氣時感覺是怎樣？你認為「啊！當然是怒火沖天啦！」。但是，請你深入地想一想，在你的心底裏，有沒有一些其他的情感呢？

哇！很大隻啊！

是北極熊媽媽和寶寶啊！

其實憤怒的背後，可能包含着「懊惱」、「可惜」等情感，才形成憤怒這個狀態。

期待見到企鵝的怒吼桐美與爸爸媽媽一起去北極旅行。但是，當她知道在北極沒有企鵝的時候，感到非常失望！因為她非常期待看到企鵝，所以感到十分傷心，然後就生氣了。

一旦情感的容器滿了的話……

試想像你的心裏有一個容器，儲存了各式各樣的情緒，例如「喜悅」、「愉快」等情緒，也收藏了「悲傷」、「擔心」等情緒。

憤怒就是因為這個容器裏裝滿了讓你不快的情緒時，心裏產生的感覺。

當小小的情緒一個一個積聚起來的話，容器就會滿溢，所以一定要小心。

此外，請大家緊記每個人的容器大小都不一樣。有些人的容器較大，可以放入大量的情感；有些人的容器較小，只放入很少的情緒也會立刻滿瀉。你的容器又有多大呢？

請了解「標準的自己」

當收藏情緒的容器是空的時候，你有什麼感受呢？會跟朋友愉快地聊天嗎？還是靜靜地閱讀呢？

請把這時候的你當作「標準的自己」，並時刻以這個標準為目標，回復平靜的狀態。

憤怒的形成

尖酸吉茂因為被人說壞話，
所以開始感到焦躁。

即使發生相同的事情，有些人會生氣，也有些人不會。例如有兩個小朋友分別被人說壞話，有一個會發怒，但是另一位完全不發怒。

為什麼會有這樣的分別呢？

没有生氣

平靜的温柔心子臉上總是帶着微笑，就算被人說壞話，也不會發怒。

形成憤怒的三部曲

易怒的人被人講壞話時有什麼感受？他們應該想着「真殘忍」、「不喜歡」，也可能會擔心「難道大家都不喜歡我嗎？」，然後就產生了怒氣。

第一步

好像有什麼事會發生

不易憤怒的人不會在意，並說「不介意被別人說壞話！」

二人都是被別人說壞話，但是應對的方法不同，於是接着產生出來的情緒也不一樣。

要怎樣接受？

想着「我又沒有做錯什麼，太過分了！」或「你是把我當傻瓜嗎？」。

不會在意別人怎樣說自己，想着「這也沒大不了啊！」

第三步

要生氣？還是不要生氣？

產生憤怒的情緒原來有三個步驟，而第二個步驟就是你怎樣去理解已經發生的事情，決定是否要生氣的界線。

憤怒的性質

憤怒有以下4個性質。當你明白這4個性質後，請不要忘記當你快要發怒時該怎麼辦。

憤怒性質❶

由強者流向弱者

若有比自己強的人向你發洩怒氣，就算覺得「我沒有錯」，也很難作出回應。這時積聚下來的怒氣，會驅使你向比自己弱的人發洩。就是這樣，憤怒總是從很強的人轉移到較弱的人身上。

所以，請停止向比自己弱的人發怒。

憤怒性質❷

像火一樣蔓延開去

　　當見到有人發怒時，自己也不禁煩躁起來。然後怒氣就像火焰一樣，蔓延到周圍的人身上。

　　請小心不要讓別人的怒火影響自己，緊記把自己的怒氣發洩到其他人身上是不好的。

生氣時火氣可以在一瞬間變得很大，然後像火焰一樣迅速蔓延。

如果自己想對某人發洩怒氣時，不知不覺地就會選擇向較弱的人發洩。

美美，吃飯啦！
是桐美啊！

憤怒性質③

若對方是親密的人，怒氣會變得更大

對方越是親密，怒氣越是嚴重。這是因為一廂情願地認為「不需多加說明，對方應該也會明白的。」，所以怒氣就變得更大了。

但是，越是親密的人，對你越是重要。請注意隨便發洩怒氣的話，會破壞這親密的關係。

美美，初次見面，你好！
我的名字是桐美啊。

被媽媽用妹妹美美的名字稱呼後，怒吼桐美的怒氣直線上升。可是，對於第一次見面也會叫錯自己名字的人，怒吼桐美卻不會那麼生氣。

憤怒性質④

化為努力向上的力量

事情沒有自己想像般順利，又或者感到委屈的時候，你有沒有試過懷着「下次一定要成功！」或「下次一定要贏！」這種想法呢？

就是這樣，怒氣可以化成令自己進步的力量。所以憤怒的性質，也並非只有壞的。

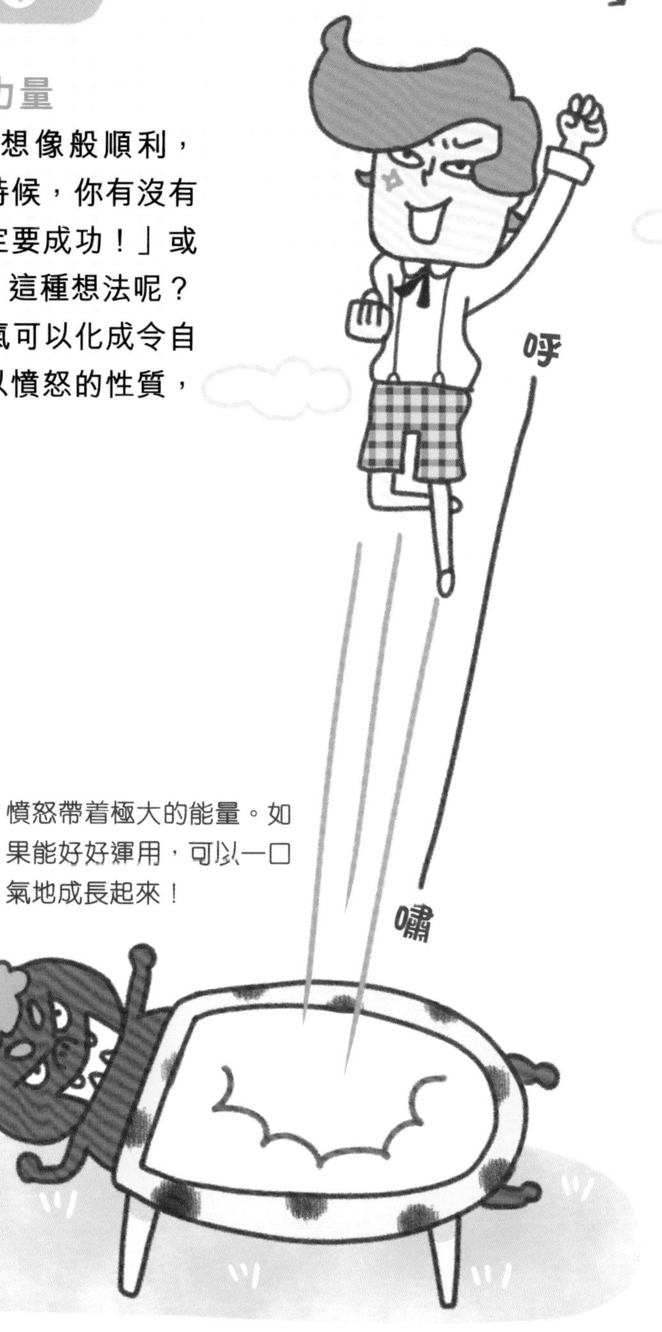

憤怒帶着極大的能量。如果能好好運用，可以一口氣地成長起來！

自我控制怒氣

在哭泣的時候，如果得到朋友的安慰，便會開懷起來；有時朋友的小小舉動，卻會立即令你生氣。所以，我們的心情或會常常變動，也反覆無常。特別是憤怒的情緒，因為它擁有巨大的能量，我們容易在不知不覺下被動搖，以致筋疲力盡。

但是，我們不要這麼快便投降！因為怒氣是可以自己控制的。

「控制怒氣」是不是好像玩遊戲機一樣，可以讓我自己控制呢？
哎呀。
這個。
嘟
嘟

憤怒
絕對不可能！
很厲害啊！
拍
拍

憤怒與我

第27頁提到當儲存情緒的容器是空的時候，「標準的自己」是怎樣的。

但當容器滿溢而產生怒氣的時候，滿身通紅的怒氣小子就會開始操控那個「標準的自己」了。

換句話說，憤怒會使人變成另一個自己。

為了阻止這件事情發生，我們好好學習控制怒氣吧。

第2章
憤怒的時候怎麼辦？

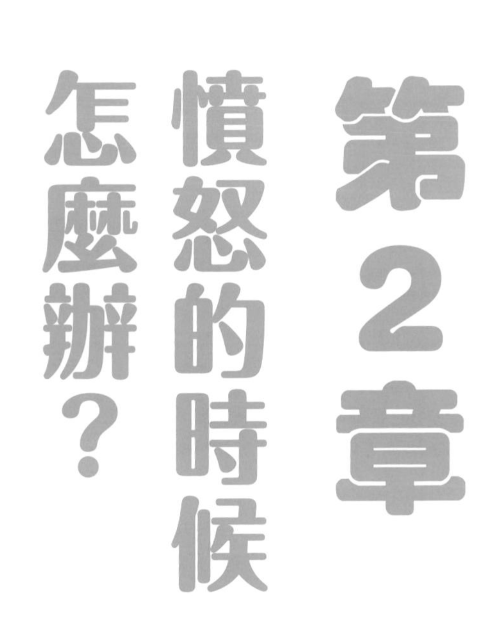

「無論如何，我也想控制怒氣！」

如果你有這樣的想法，那就來學習一些控制怒氣的方法吧。

這一章會介紹各式各樣的方法，從可以立即做到的方法，到一天之內可以學會的方法都有。

請你努力找尋適合自己的方法啊！

數到六，停止憤怒

當你怒氣沖天的時候，不妨嘗試慢慢數「1、2、3……」，可以在心中數，也可以發出聲音。當數到「6」以後，怒氣就應該可以受控制了。這真是一件很神奇的事！

當我們一發怒，臉會變紅，手會抖，身體也漸漸顫動起來。但是到了6秒的關鍵時刻，這種激動心情就會平靜下來。

如果因為憤怒而看不到標準的自己時，就用「數6秒」的方法，讓身體平靜下來。

「6秒」是有原因的

憤怒的時候，身體會產生腎上腺素，這種物質會讓你的身體變得亢奮起來。

但是，6秒過後，腎上腺素的作用就會減退。所以，怎樣渡過最初的6秒是很重要的。

當你生氣的時候，可能會數得很快，所以請注意要慢慢地數。

用肚子大力深呼吸！

腹式呼吸法

1 一邊鼓起肚子，一邊用鼻子大力吸氣，你會感受到空氣積聚在肚子裏。

2 一邊縮起肚子，一邊用口呼氣，呼氣的時間大約是吸氣的雙倍。然後心中鬱鬱不歡的心情也會一同釋放。

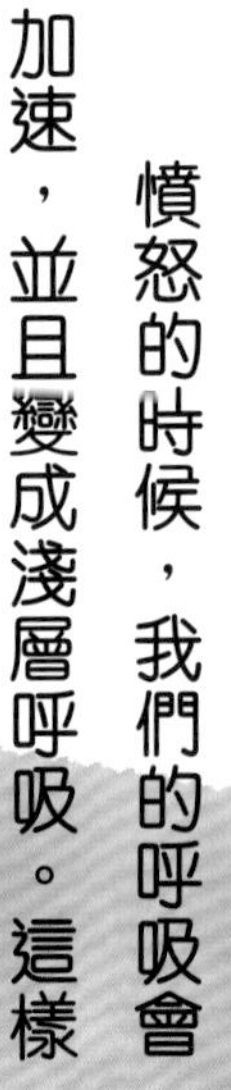

憤怒的時候，我們的呼吸會加速，並且變成淺層呼吸。這樣會導致心情不能平靜，也不能作出任何反應。

這時候，請試試用肚子大力呼吸，這又稱「腹式呼吸法」。

不斷重複這動作，盡量調整呼吸，身體也會放鬆起來。你更可以配合「數6秒」的方法一起使用。

呼氣
習慣後，請用手按着肚臍的下方，一邊試試做，一邊確認那裏有沒有動。

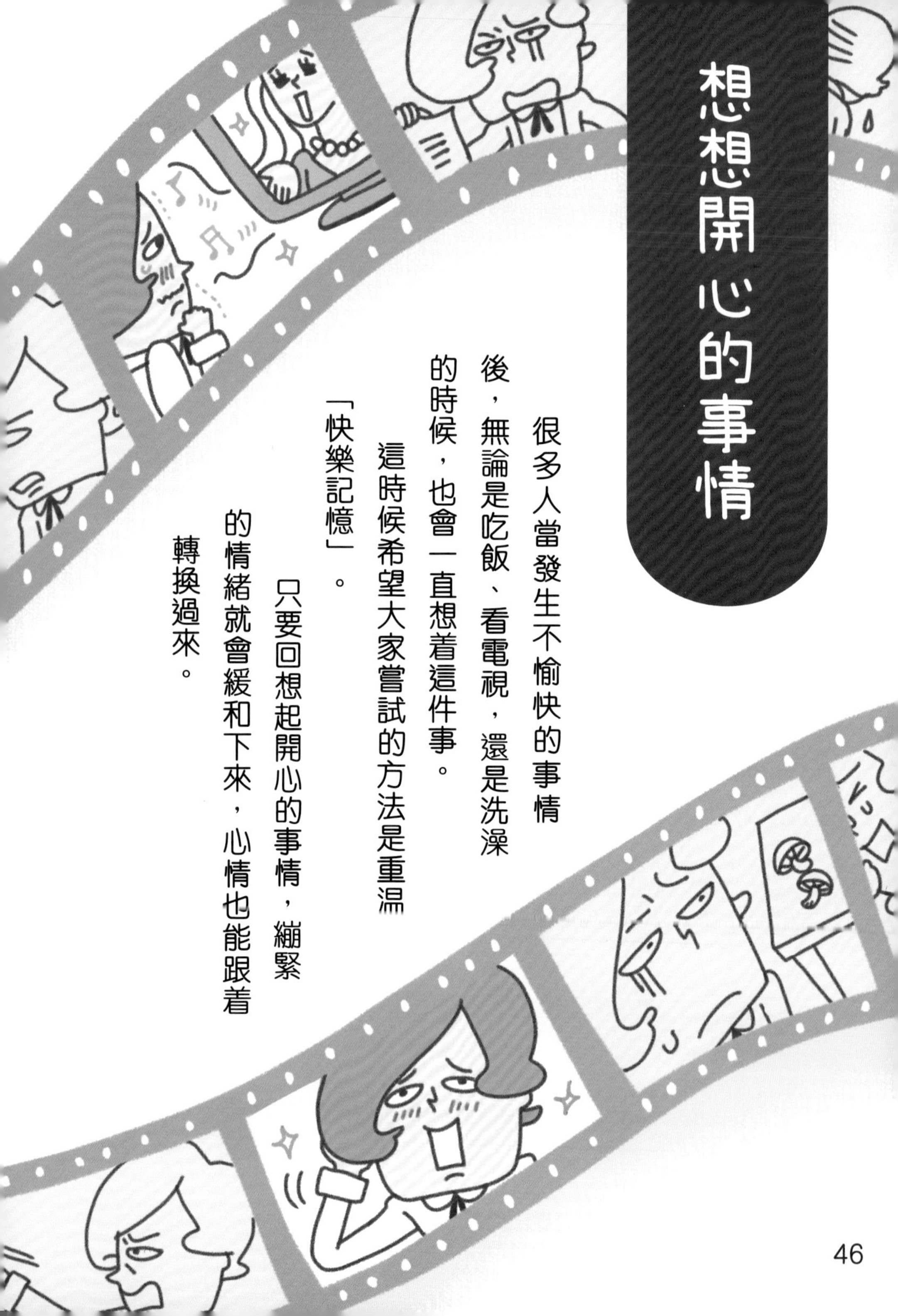

想想開心的事情

很多人當發生不愉快的事情後，無論是吃飯、看電視，還是洗澡的時候，也會一直想着這件事。

這時候希望大家嘗試的方法是重温「快樂記憶」。

只要回想起開心的事情，繃緊的情緒就會緩和下來，心情也能跟着轉換過來。

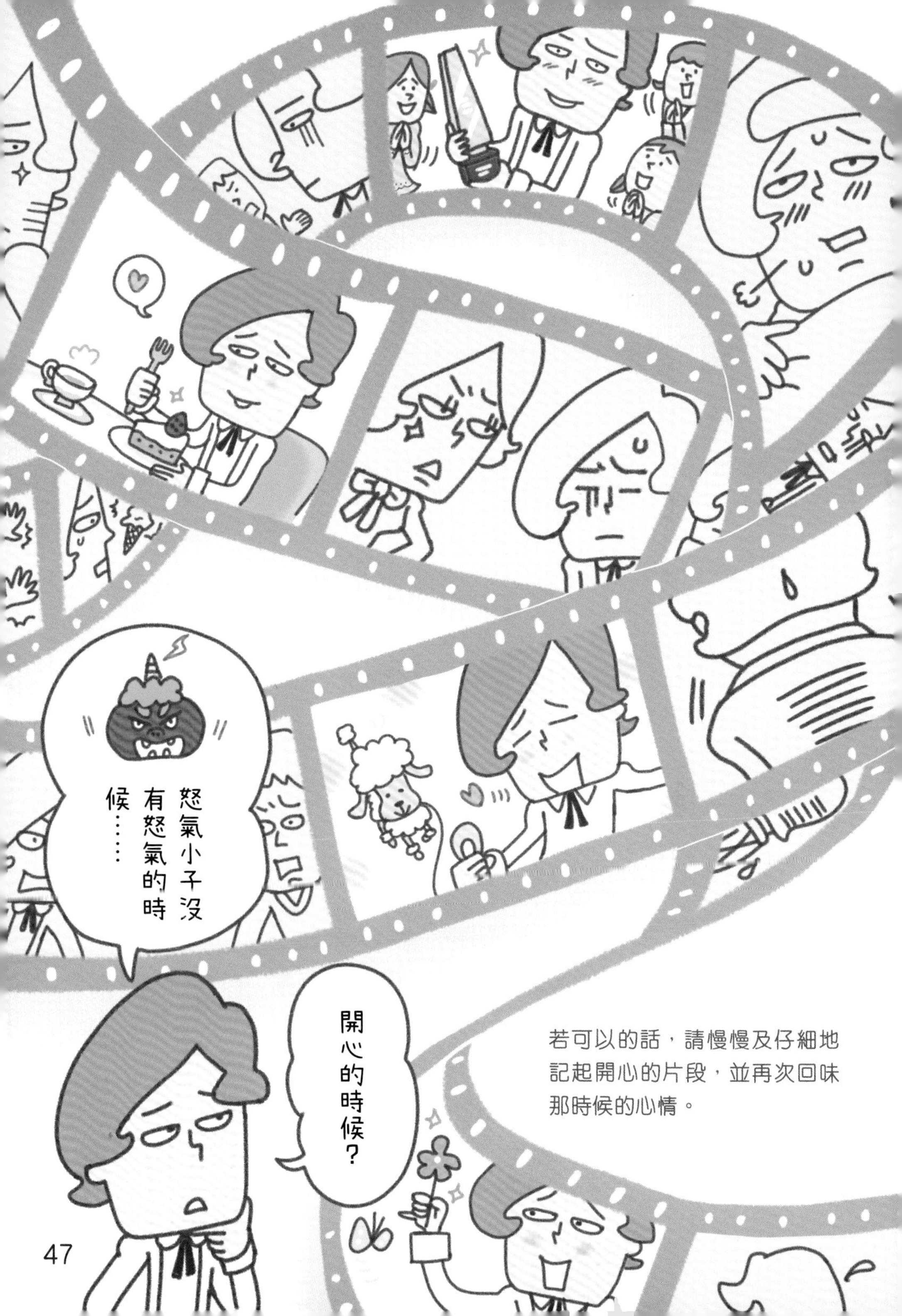

怒氣小子沒有怒氣的時候……
開心的時候？

若可以的話，請慢慢及仔細地記起開心的片段，並再次回味那時候的心情。

回憶小小的經驗也可以

你是不是已經想起開心的回憶呢？若你仍是感到很困難，就讓我們一起看看以下4位小朋友的快樂回憶吧。

最好是一瞬間就能想起來的簡單經歷。

很高興
謝謝你！
忘記帶顏料嗎？

同學對我很親切，很開心。
心情好
嘩……

成功了
噹！

太好了！打到全壘打啊！心情真好！

月色真美麗啊。

暫時離開現場

在籃球比賽中，為了讓球員轉換心情，教練通常會叫「暫停」。這個「暫停」也可以用來控制憤怒。

請你在暫停期間盡量放鬆，並想想別的事情。暫時離開一下現場，簡單地活動身體。如果有草地的話，你可以躺下來休息一下。

暴躁吉田在感到焦躁時使用了「暫停」，很好地控制了自己的憤怒。

當你感到今天很熱，又想知道究竟有多熱的時候，你會怎麼辦？沒錯，看溫度計就會知道了。你會知道「嘩！原來超過了攝氏35度！怪不得那麼熱！」或是「雖然已經是冬天，但原來溫度有20度，難怪那麼溫暖。」。

憤怒若可以像溫度一樣，用數字來顯示的話，就會容易明白得多了。

我的憤怒指數是「0」，完全不用擔心！

我的憤怒指數只是「2」！沒問題吧。

試試把不同程度的憤怒用數字表示出來。沒有生氣時化成「0」來表示，最嚴重的憤怒用「10」表示。

用這「憤怒溫度計」把憤怒變成具體的數字的話，我們就可以冷靜地控制自己的怒氣。

高呼自己創作的咒語

只要高呼魔法的咒語，憤怒的數字就會降低了。

糕雪糕蛋梨
啤夛士！

怒吼桐美把最喜歡的食物名稱上下顛倒了，變成自己的咒語。

當發生一些令人憤怒的事情時，我們會怒氣沖天。這時候，請你試試高呼令自己心情平靜的「魔法咒語」。用什麼內容或說話創作咒語也可以。

從平常開始練習，把高呼咒語練成習慣的話，就能減少憤怒了。

還有以下的咒語！
6310
864
四方的白熊是黑黝黝的！
憤怒小子去那邊！
就算用乘數表組成魔法咒語也可以，沒有意思的說話也可以，什麼都可以！緊記在生氣的時候，習慣高呼咒語吧！

專注當下的事情

尖酸吉茂一直望着天花板的水漬，不停把它想像為各種的東西。這時候，他就把怒氣壓制下來了。聚焦的事物可以是房間內的氣味，也可以是水的聲音，隨意地挑選吧。

當你無法擺脫沮喪和焦躁的心情時，你會想什麼呢？會不會想起之前發生的討厭事情？又或是擔心往後將有可能發生的事情？

這時候，請你試試專注於眼前的事物吧。

又像是飛機……
又像在游水……
這就是「集中當下」的方法。
如果你能夠一直專注於當下的事
物，被困在過去或未來事件的心情，
都可以像刹車　樣刹停。

跟心中的自己對話

當令你憤怒的事情發生時，你心中最想說什麼話呢？是不是充滿了責備對方的說話，又或是令心情更沉重的說話？

或許那女士趕時間，那我就讓她先付款吧！我真是友善啊！

讓自己變成懂得體諒別人的人，然後試試跟憤怒中的自己對話。這樣就能夠發現事情的另一面。

這時候，請試試「思想交流」。即讓自己變成另一個人般思考，然後請這個人跟憤怒的自己說一些鼓勵的話。

預先準備要跟自己講的話

跟同學打招呼，但她竟然不理睬我！
什麼？
她可能發生了一些不愉快的事情，所以我要開朗地繼續跟她打招呼！
焦躁
這隻小狗每日都向我吠。
小狗那樣做是因為要保護家園。這是小狗的工作。牠盡忠職守，真偉大。

生氣時，大多數人都很難想出什麼好話的。

什麼時候自己比較容易憤怒或焦躁呢？這時候，說什麼話會令自己朝向正面看呢？

請你在心情平靜時預先思考並記下這些可以使用的話語吧。

雜誌的抽獎常常落空。
對我來說，繼續訓練自己的耐性是一件好事，使我對其他的事也可以不屈不撓！

真希望你好好地當值日生！
首先嘗試自己做好榜樣，顯示給別人看，認真打掃也可以很開心！

還有以下的「話語」！

現在好好理解的話，將來可以輕鬆一點！

建議用在覺得上課內容或功課困難而停滯不前的時候。

完成的話，心情變得更好！

每當遇到不想做的工作或擔當不喜歡的職責時，請想起這句話。

今天就是「妹妹節」！

感到「今天和妹妹守候在家很苦悶！」的時候，就為這天添上一個名字，就像紀念日一樣，好好享受這一天。

來飾演一天平和的自己

「今天我要不生氣地渡過！」只是一天，嘗試飾演平和的自己。

就算你今天有事想跟家人投訴，那就試試暫時不去投訴，因為明天說也不會遲。

就算朋友對自己做出討厭的事情，今天也不去在意，就用微笑的面孔一笑置之。

早上常常因為等遲到的朋友而憤怒的暴躁吉田，今天笑容滿面地打招呼，並且用溫柔的聲音跟對方說話。

這樣，看看你身邊的家人或朋友會怎樣呢？請細心觀察他們跟平常是不是不一樣。

你應該察覺到不同的不單只有你。那天一定會變成「奇跡的一天」！

13：30

要是平常的話，暴躁吉田被老師責罵時一定感到不快，但是今天他老實地向老師道歉了。

19：00

啊！很舒服呀！

交給我吧！

以往爸爸回家的時候，暴躁吉田常常任性地向爸爸說「一起玩耍吧！」。但是，今天他不這樣做，改為給爸爸按摩肩膊。

改變自己的話，對方也會改變

一大清早便很討厭了！
你遲到！
為什麼沒有做功課？
一起玩耍吧！
可以讓我休息一會兒嗎？

當你實踐「奇跡的一天」時，是不是發現了很多不一樣的事情。相比平時，想說的話可以好好傳達，對方也能欣然接受。

抱歉我遲到了！
沒關係！
記住下次不要再忘記了。
嗯！
好！不如一起玩耍吧！
非常好！
耶！
憤怒或焦躁的情緒也可以簡單地向對方傳達。所以，只要改變自己的行為，對方的態度亦會改變。

感到憤怒和焦躁一定有原因，而且不同人有不同發怒的習慣。

在這一章，讓我們理解這些原因和習慣，然後立志做一個「不易生氣的人」！

第3章
成為一個不容易生氣的人

憤怒裏面藏着「應該」？

當人們萌生怒氣時，心裏究竟發生了什麼事呢？讓我們仔細地看看吧。

原來當大家生氣時，心中都會有一個想法，就是「應該要做這些和這些」。

對，憤怒裏面經常藏着自己的「應該」。

怒吼桐美正在門口迎接從外國來的男生，但男生卻沒有脫鞋便入屋。

差不多要走了，
再見。
你們難得來探病，應該跟我多聊一會。
難得朋友來探望因為感冒而請假的委屈善子，可是朋友很快就離開了。
MAP
因為要舟車勞頓，所以應該帶輕便的行李。
一個人去長洲探望爺爺的尖酸吉茂想盡量輕裝出門，但媽媽卻想他多準備不同物品，以備不時之需。

各人有各自的「應該」

其實，自己的「應該」與對方的「應該」經常有分歧。這是因為每個人對「應該」的想法不一樣所致。

如果不知道這個原因，又經常認為只有自己的「應該」才是對的話，我們就會變成一個不能控制怒氣的人。

想發怒時，我們其實並不需要放棄自己的「應該」，而是了解對方的「應該」是怎樣的。

這男生認為穿着鞋子在家到處走是正常的。

為了不讓生病的委屈善子太疲累，我們應該早點離開。
差不多要走了，再見。
朋友擔心打擾感冒的委屈善子，所以盡量不久留。
出門時不知道會發生什麼事情，所以應該準備各種的物品，以防萬一。
MAP
媽媽其實是擔心尖酸吉茂。

自己的「應該」，要做到什麼程度？

現在就來看看如何處理自己的「應該」吧。當受到別人某些不公平的對待時，有些人會感到憤怒並說「不能原諒！」；有些人雖然覺得這個做法不符合自己的「應該」，但也會說「算了吧」而原諒他。

到底這條界線在哪裏呢？如果能夠知道的話，我們就會變得容易控制怒氣了。

說一些話吧！
……
不能原諒
界線就在這裏！
暴躁吉田跟朋友一起演出話劇。朋友犯了少許錯誤，暴躁吉田並沒有發怒。但是當朋友忘記台詞並且一言不發的時候，暴躁吉田就不能容忍了。這個就是暴躁吉田發怒的界線。
沒關係。
還可忍受

心平氣和

傳達自己的「應該」

很久很久以前，在某處有位過着奢侈生活的貴族大人。

從那天開始，貴族大人決定不再過奢侈的生活。

從此，村民可以吃自己耕種出來的大米和蔬菜，而且吃得很溫飽。

窮困的村民委屈善子向貴族大人說：
我們挨着餓，也把大米徵繳給貴族大人，所以貴族大人是不是應該節約一點呢？
顫抖
顫抖
我不知道這會令大家餓着肚子的。

人的感受和想法是看不見的，所以就算你非常憤怒，對方是不會知道你在生氣及生氣的原因。

這時候，具體地傳遞「我覺得應該做這些和這些」是很重要的。如果對方能明白你的「應該」，他可能會改變自己的行為和反應。

擴大可以饒恕的範圍

憤怒爆發
可以乘搭下一班巴士。
心平氣和
等一個小時有點辛苦……那就一邊看書，一邊等待吧。

怒吼桐美約了朋友早上10時去動物園，但是朋友遲到了。究竟要等多少分鐘呢？

發生了的事情是不可改變的。但是，自己的「可饒恕範圍」就可以擴大。

這個秘訣是首先重新評估自己的「應該」是不是任性的念頭，然後嘗試找出事件中好的一面。

如果可以做得到的話，就不用發怒或吵架就能緩解怒氣。

怎麼樣？可以擴大你的「可饒恕範圍」嗎？

怒吼桐美把等待的時間改變為「午餐的時間」，擴大了「可饒恕範圍」。

把憤怒寫出來，了解自己的弱點

無論誰的心中都存在着自己的「應該」，而這正是憤怒的根源。可是，就算你明白這一點，實際發怒的時候，頭腦紛亂，總是不能冷靜地思考。

因此，請你嘗試在紙上寫出自己發怒的原因、當時的心情等。這個時候寫出來的東西就是「憤怒備忘」了。

「憤怒備忘」裏記載了頭腦裏雜亂的事件和心情，當我們可以回頭細讀的時候，心情就會平復下來。

每當感到憤怒的時候，不需要太深入思考，直接把想到的事情寫下來便可以。

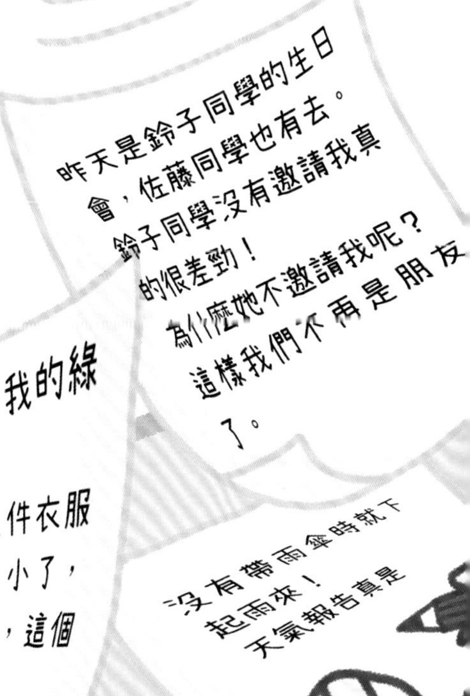

昨天是鈴子同學的生日會，佐藤同學也有去。鈴子同學沒有邀請我真的很差勁！
為什麼她不邀請我呢？這樣我們不再是朋友了。
媽媽擅自丟掉了我的綠色襯衣！
她說這是因為這件衣服對我來說已經太小了，所以就隨意掉去，這個我絕對不能原諒。
這是我的東西呀！
沒有帶雨傘時就下起雨來！天氣報告真是

憤怒備忘升級！

習慣了寫出憤怒的事情後，我們接着便可嘗試分類寫出時間、地點、發生的事情、當時的感受等。

這樣做的話，就可以發現有什麼事情較容易令自己生氣，並且有什麼生氣的習慣。

升級版憤怒備忘的寫法

首先寫日期、星期幾和時間。

發怒的地點在哪裏？

發怒的原因是什麼？
不是寫感受，而是寫實際發生的事情。

從這裏開始寫出自己的感受，不單止是感受，包含自己的「應該」、講過的說話等都寫在這裏 。

運用第 52 至 53 頁的「憤怒溫度計」，記錄憤怒時的數字。

就算我沒有參加生日會，大家都玩得很開心，所以我感到焦躁。

日期和時間

10月13日　星期五　7時50分左右

地點

上學路上

發生的事情

從佐藤同學口中聽到鈴子同學的生日會很開心，而自己沒有被邀請。

感受和反應

非常不開心。當我問鈴子同學有多少人參與時，她竟然說有10人。

要是邀請那麼多人，也好應該要邀請我呀！

憤怒的數字

0 1 2 3 4 5 6 7 8 9 10

讓我們消除憤怒

當你收集好憤怒備忘後，接着請使用「憤怒分類」這個方法吧。

其實，每個人都不能靠自己解決全部憤怒的情緒，有時不去解決反而會更好。

首先，請試試把每件憤怒的事情用兩個要點分類。

要點❶

這件事對自己來說重要嗎？

在公園的水池發現鱷魚的暴躁吉田，向大家說出有鱷魚，可是大家都不相信他。

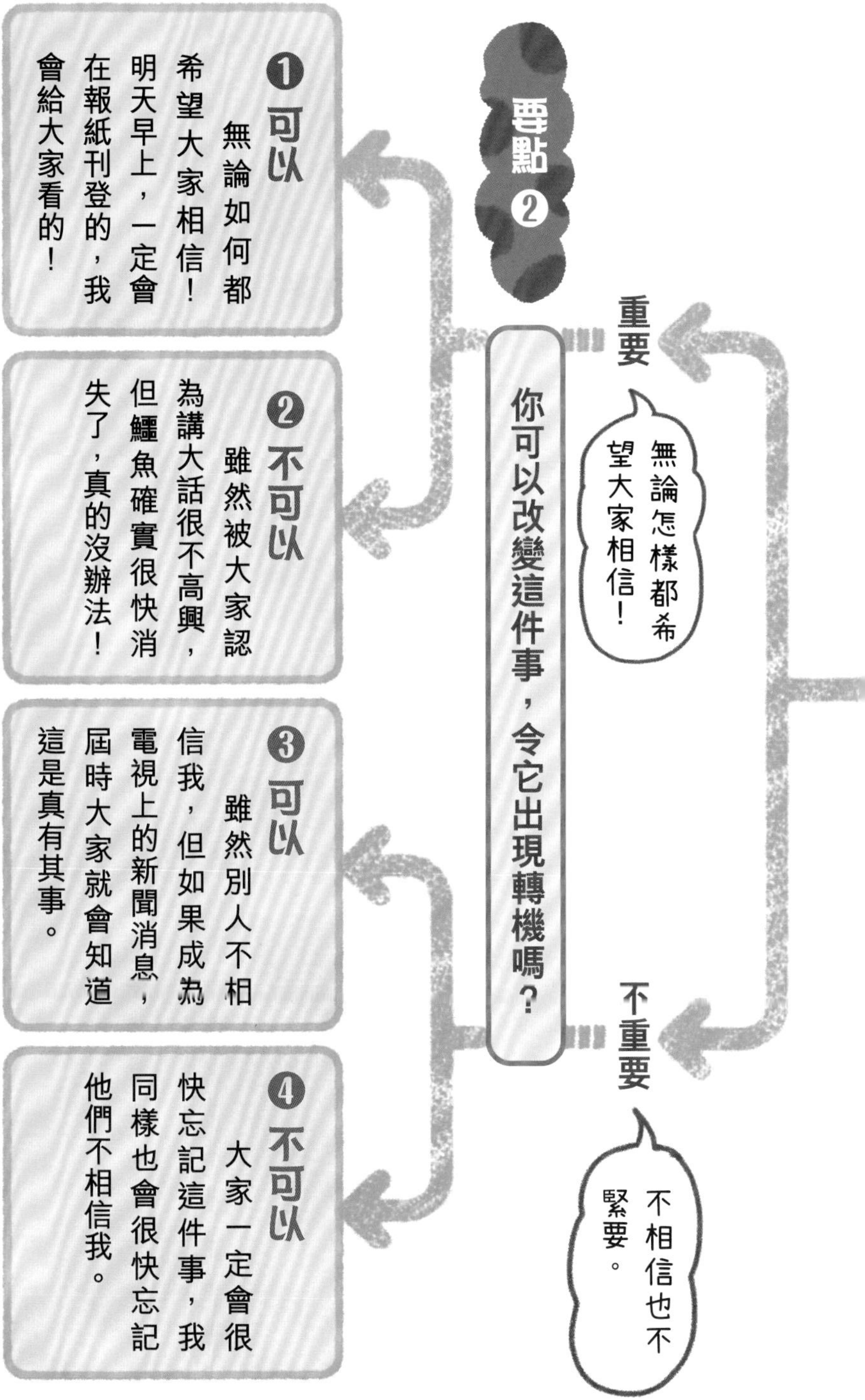

要點❷

無論怎樣都希望大家相信！

重要

你可以改變這件事，令它出現轉機嗎？

不重要

不相信也不緊要。

❶ 可以
無論如何都希望大家相信！明天早上，一定會在報紙刊登的，我會給大家看的！

❷ 不可以
雖然被大家認為講大話很不高興，但鱷魚確實很快消失了，真的沒辦法！

❸ 可以
雖然別人不相信我，但如果成為電視上的新聞消息，屆時大家就會知道這是真有其事。

❹ 不可以
大家一定會很快忘記這件事，我同樣也會很快忘記他們不相信我。

沒錯，憤怒可以分為4個情況。

分類的話，會看見解決的方法

請嘗試把收集下來的憤怒備忘，逐個逐個的分類，這樣你就會看見各自的解決方法。

課堂上隔鄰的同學跟我說話，讓我感到困擾。如果跟她說清楚的話，她可能會改變。

1 這是重要的事情，我們可以改變。

可以改變

3 雖然不重要，但可以改變。

回校途中遇到了惡犬，有點可怕。不過只要我走其他路段便沒問題了。

輕鬆地努力

接受然後放棄

雖然我很期待在帳幕裏觀星，但因為下大雨，大家決定不去了，只好找其他有趣的玩意。

2 雖然是重要的事情，但改變不了。

不可以改變

4 既不重要，也改變不了。

比較困難的做法是1及2。

1的情況要考慮何時說、怎樣說，還有想要怎樣的結果。想清楚後，你就會發現自己要採取什麼行動。

2的情況只有一個方法，就是接受現況然後改變自己。請參考第76至77頁，自己決定選擇擴大饒恕的範圍，抑或放棄，還是關注其他的事情。

忘記它吧

我的背包從儲物櫃跌了下來！雖然有點氣憤，但這些事總是有發生的機會。

改變日常的行動

「常常跟我吵架的通常都是明美同學。」

「媽媽天天教訓我，令我每天都十分煩躁。」

我們能從憤怒備忘知道自己的憤怒習慣，並且戒掉它們，嘗試做一些跟平常不同的行為和反應。例如：跟常常吵架的朋友改變一下說話的方式、對媽媽溫柔一點等。

這樣，對方也會改變自己的行為和反應，令結果徹底改變！

憤怒的時候只顧盯着對方的委屈善子，改變了過往的反應。今次她選擇有禮貌地拜託對方，對方便聽從委屈善子安靜下來。

成為一個令人憧憬的人

對你來說，有沒有「很棒啊」、「真帥」之類令你憧憬的人呢？

若是你的心目中有憧憬的人，不如就嘗試「角色扮演」，徹底成為他們。

你扮演的對象，可以是身邊的人、喜歡的動畫或漫畫角色。

如果是那位公主的話，她一定會這樣說。

因為妹妹吃掉了全部蛋糕，所以怒気桐美好像要爆發了。

若想要改變自己發怒的習慣，可以先嘗試想像一下憧憬的人會怎樣做？然後，你會認為他們「一定會這樣說！」、「可能會這樣做！」，就試試模仿他們吧。

不知不覺地，自己也自然會做出這些人的行為或想法。

我吃曲奇餅便可以了，蛋糕就全部給可愛的妹妹吧。
不似我的姊姊啊……

描繪自己期望的路向

暑假是最後衝刺的時間，所以我每日要練習兩小時！
這是我「期望的自己」！
暑假
一年後

因為有充裕的時間，所以我可以熟練地彈奏了！

「演奏會時演奏失誤了！」

「接力賽的選手位置被朋友奪去了……」

對未能達到預期結果的自己感到煩躁時，背後其實隱藏着「期望的自己」。

因此，你可以參考這兩頁的圖畫，把自己的期望畫成「未來故事」吧。

把未來的故事畫出來的話，就可以看到現在應該做的事了。

1. 在最後部分寫上「期望的自己」和「何時達到」。
2. 接着，決定中途的目標。
3. 事實上，過程可能很順利，也有機會不太順利。但是，這全都是朝向「期望的自己」的路程。

及早決定在演奏會上演奏的樂曲，儘快開始練習。

實際的線

未來故事的線

因為我會於寒假去旅行，可能沒有太多時間練習。

今日（9月）

小提琴演奏會非常失敗！我得好好決定未來的路向。

寒假

當自己的期望變得具體，我們才有衝勁去做，這樣便更容易朝着目標努力。

發怒是為了保護自己。

可是，如果因為發怒而傷害了對方，又或跟對方吵架的話，就會令人相當不愉快了。

在最後的這一章，讓我們掌握把憤怒訊息洽當地傳達給對方的方法！

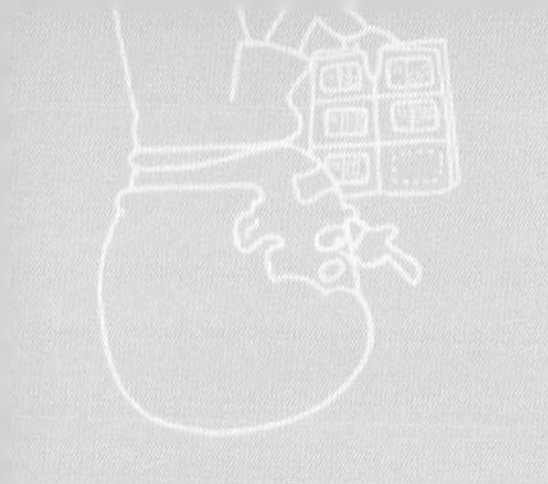

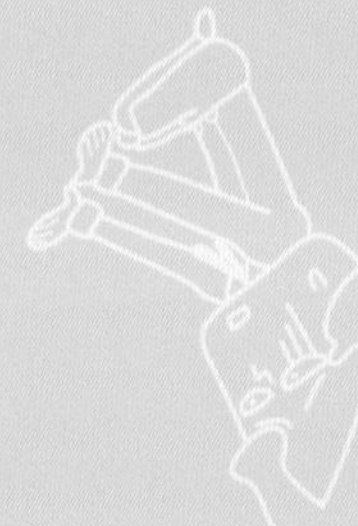

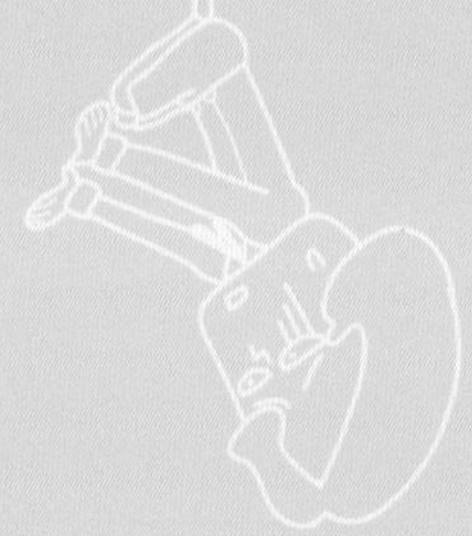

第4章

學會表達憤怒

有好的發怒方法，也有壞的發怒方法

「我現在正生氣呢。」

「我的怒氣小子好像開始變紅色啦！」

到目前為止，學習了很多東西的你們，是不是可以退後一步看待自己的憤怒呢？

你為什麼要這樣做呢？
沒有其他辦法啊！
壞的

好的

我是因為這個原因，所以很生氣。
原來是這樣，對不起……
憤怒搖搖板

可是，要平復憤怒的心情，並且正確地向他人傳遞憤怒的訊息，仍然是很困難的。

沒錯，發怒的方法有好的，也有壞的，到底怎樣做，我們才能靈活運用「良好的發怒方法」，做到好好地發怒呢？

如果用了錯誤的發怒方法，會變成怎樣？

最糟糕的發怒方法，就是跟同樣憤怒的對方互相攻擊，甚至跟對方吵架。

如果你用了這種發怒方法後能夠向對方道歉，說句「對不起」，然後和解，那當然是沒問題。可是有時候，雙方的關係一旦被破壞了，即使過了一段時間，也未必可以回復跟以前一樣的關係。

開始
不是我啊……
發怒方法錯誤了！
反正就是你拿走的！
有一天，暴躁吉田發現有一張閃卡不見了，他認為是常常跟他一起玩耍的朋友拿走的。

一直珍惜的朋友也好，一起生活的家人也好，破壞關係只需要一瞬間，就算事後後悔，一切無法挽回。

所以在變成這樣之前，讓我們先學習怎樣能好好地發怒。若我們能適當地傳達怒氣，就不需要跟別人吵架了。而且，朋友的關係也會變得更親密。

朋友不能原諒暴躁吉田所做的事情，所以他們從此不再一起玩耍了。
結局
他知道自己弄錯並道歉了，可是……
對不起。

違反「三條守則」——紅牌！

我相信大家一定有把剛才介紹過的方法，依自己的方式嘗試過吧。可是，有很多時候都不太順利。大人其實也跟你一樣，所以真的不需要心急。

為了正確地發怒，接下來要說明的這「三條守則」是很重要的，請大家務必要遵守。

守則❶

不可故意傷害對方

憤怒的時候，你可能會不知不覺傷害了對方。不過在任何時候，故意去傷害別人都是不對的。

即使只是向對方施行言語暴力，也是不可以的。因為言語也會傷害對方的心靈，所以絕對不能做。

請緊記心靈只要受傷害一次，也需要花很多時間才能痊癒。

怒吼桐美隨意發洩自己的怒氣，並故意說出傷害朋友的說話，這是紅牌警告！

守則❷

不可過度責備自己

「全部都是我不好！」

「我做什麼都不成功……」

如果經常這樣責備自己的話，會使自己陷入低落的心情，又或者失去信心。這樣跟傷害自己沒有分別。

就像不去傷害對方一樣，自己也不應受到傷害。

如果察覺到自己的缺點時，這正是一個讓自己變得更好的機會！請停止責備自己，想一想接下來應該怎樣做。

因為沒有澆水而令花朵枯萎了的尖酸吉茂在怪責自己，這也是紅牌警告！他在往後若想再種花，一定要想想應該怎麼改善。

守則❸

不可破壞東西

發洩怒氣時，絕對不可以投擲或破壞物件。

大家可能認為比起傷害別人，這不是較好嗎？可是，一旦你嘗試過把怒氣以破壞的方式發洩在物件上的話，有一天，你也可能會把怒氣發洩在人的身上。

其實這個憤怒是屬於自己的，所以不應去破壞物件，而是應該用自己的能力，養成好好控制怒氣的習慣。

那本雜誌說秀屏善子的運程會很差，她覺得很憤怒，於是把雜誌撕破了。這樣做就違反守則了，所以也是紅牌警告！

我的運程又不好了！

違反「四種態度」——警告！

憤怒亦要有禮貌。在這裏特別向你介紹「四種態度」。為了可以正確地發怒，請你要牢牢緊記。

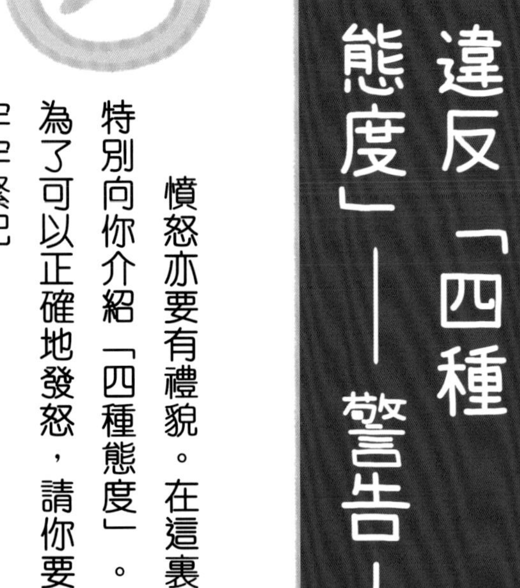

態度❶ 饒恕範圍跟平常一樣

當你心情好的時候，面對過分的事情也可以說句「算了吧」。但有時當你

因為肚餓而煩躁的暴躁吉田平常是不在意的，但今次他生氣了。

心情不好的時候，在同樣的情況下就會生氣了。

這樣，自己的「應該」不能正確地傳達給對方，亦令對方不知所措。

誰都有心情好和心情壞的時候。正因為這樣，自己就要常常檢視饒恕範圍是否保持一致。

態度❷ 對準憤怒的事情

在怒氣沖天的時候，你若提出其他令你憤怒的事情，是不是感到更憤怒呢？

這樣做的話，對方會更不理解現在所發生的事情，問題也變得更難解決。

因此發怒的時候，你要對準憤怒的事情，並好好傳達給對方。

幼稚園畢業禮的時候，你拿了我的相簿回家！當我還小的時候，你又錯穿了我的鞋子。
何時的事情？

委屈善子的午餐袋子被人拿錯了，所以她很憤怒，接着她繼續提起以前的事情，所以變得更加憤怒。

態度③ 不要重複說「為什麼」

憤怒的時候，會不斷追問對方「為什麼要做這樣的事情呢？」。可是，這樣做的話，對方或者只會敷衍的回答，又或者選擇不回應。

我們應該停止不斷地追問對方「為什麼」，反而細心聆聽對方真正的感受，商量一下往後要改善的地方，這樣事情會變得更順利。

為什麼不守承諾呢？
為什麼不能說出原因呢？
為什麼不來呢？
沉默

尖酸吉茂不停重複「為什麼」，令困惑的朋友不發一言。

態度④不把責任推到對方身上
跟朋友對質前，你是不是已經假定是對方的錯呢？所以便說出「你總是這樣」、「絕對是你的錯」等說話。
無論什麼時候，我們首先應該聆聽對方的話，想一想彼此對「應該」有沒有不同的看法。
松尾同學你真壞！你常常都是這樣的！
不是我啊……
怒吼桐美不聽朋友的話，只顧單方面發怒，令朋友感到越來越不快。

表示憤怒的各種用語

當你不知不覺地產生憤怒情緒時，嘗試把這種心情用語言來表達吧。

「不喜歡」、「氣上心頭」、「令人不快」……

你想到不同的詞語了嗎？當中有沒有很貼切的表達呢？

「不愉快」、「心情不好」、「煩死了」……

不斷想出來吧。中文好像有很多用字可以表示不同的憤怒情緒。

焦急煩躁
還不出來？
氣得發抖
讓人不高興
竟然比我更可愛……
心情不好
感到生氣

怒不可遏
煩死了
怒氣沖天
上火！
滿肚子氣
發怒
勃然大怒
火冒三丈

憤怒經常在不知不覺間產生，若處理不當，很容易會在一瞬間變成大怒。要捕捉這不能掌握的怒氣，就是靠說話。

若要把訊息傳達給別人，說話是最好的傳遞方法。你能找到和你心情完全貼切的話語嗎？

能夠表示怒氣的話語其實還有很多，請你盡量使用不同的話語去表達。

用「我」為主語傳達感受

用「我」作為主語的說話方式就是從自己的角度說出來，例如「我是這樣想」、「我想這樣做」。這種把自己作為重點的「我的訊息」，是一種跟對方傳遞心情的方法。

啊哈
秋本同學你弄壞了……
你把責任推在我身上嗎？

委屈善子用了「是你不好」的說話方式，令對方更加憤怒。

噹噹
啪嚓
我努力做的花瓶被打碎了，令我很傷心。
我讓你有了傷心的回憶。

用「我」作為主語跟對方說話時，可以更好地傳達自己的心情。

憤怒往往是因為被別人說了什麼，或是被別人命令做什麼而產生的。這種怒氣並非從別人而來，而是自己本身的東西。換句話說，無論在什麼時候，把憤怒看成是別人的責任都是不對的。

所以，你首先要平復心情，然後用「我」作為訊息的主語，嘗試好好把自己的心情傳遞出去。

這種情況下怎樣生氣？

在第24頁我們知道了憤怒的背後，其實隱藏着其他感受。

如果知道自己準備要生氣時，首先請你找出憤怒背後隱藏的情緒。然後按照「三條守則」及「四種態度」，告訴對方「我的訊息」。

打得一手好乒乓球的我，竟然輸給弟弟！

尖酸吉茂跟家人去溫泉旅行的話，總是會打乒乓球。他以前一直都沒有輸給弟弟，但是今天第一次輸了。

✕ 你拉小提琴明明拉得比我更差！

✕ 反正我就是不稱職的哥哥吧……

帶出另一些話題，或是胡亂地責備自己，只會令不開心的情緒不斷膨脹起來。

較好的發怒方法 ①
我一直都想贏哥哥！
○ 輸給弟弟，我非常不甘心！
直率地向弟弟傳遞當下的心情，弟弟也會告知隱藏着的心情。
較好的發怒方法 ②
那我也要多加練習！
接受憤怒、不甘心等情緒，變成令自己成長的能量。
○ 我會多加練習，下次一定贏你！

事件❷ 在早會時得悉好朋友要轉校的消息……我之前完全未聽聞過！

在某天的早會上，暴躁吉田得悉好友將要轉校。他認為二人是班上最要好的朋友，好友為什麼也不先告訴自己。

✕ 為什麼連說一句也沒有先跟我說？

✕ 你居然不告訴我，真的太過分了！

暴躁吉田一方面追問「為什麼」，另一方面不斷地責罵，這樣違反了「四個態度」，同時令朋友什麼都說不出來。

較好的發怒方法 ❶

○ 真一，你沒有直接告訴我，我很傷心。
我猜吉田你會很傷心，所以說不出口……真的對不起。

如果暴躁吉田好好地把憤怒背後隱藏着的「傷心」傳達出來，朋友也會把自己的心情告訴他。

較好的發怒方法 ❷

○ 不能再跟真一見面，我感到寂寞。
我也感到寂寞，但我會寫很多信給你的。

如果暴躁吉田能把「因為感到寂寞而變得憤怒」的感受真實地傳達的話，朋友便會回應寫信給他，與他保持聯絡。

事件
3
爸爸因為忙碌，不能一起去期待已久的遊樂場。
對不起！
怒吼桐美正期待跟爸爸一起去遊樂場。可是那天早上，爸爸跟怒吼桐美說「因為要工作，所以不能去」。
✕ 你明明答應了！爸爸你說謊！
怒吼桐美氣上心頭，責備了父親，還摔壞父親買給她的洋娃娃。這些舉動違反了「三條守則」。

較好的發怒方法

我希望可以跟爸爸一起玩耍！今天真可惜。
今晚我會早點回來，到時一起玩吧！

怒吼桐美把心情平復下來，把憤怒化成說話，爸爸於是承諾一起玩耍的時間。

對於良好的發怒方法，你已經明白了嗎？很難的是吧？

但是，沒有問題啊！因為你已經知道「控制怒氣」是一件很重要的事。

往後你將會不斷面對因為怒氣而出現的情況，這全都是磨練自己的機會啊！只要多加練習，你自然就會一點點進步起來。

各位，怎麼樣啊？已經能跟憤怒好好相處了嗎？
交給我！我一定可以好好控制！
應該沒有問題……

我已經不會隨便發怒了！
明白許多了，但是……
沒嘗試的話是不行的。

在每日的生活中，
總會發生不同的事情，
也許身邊偶爾會有人忍
不住怒氣。
好！

1 2 3 4 5 6
還未數到6的時候就
憤怒起來了。

就算你小心翼翼不想被憤怒擺布，還是會有做得不好的時候。

不要氣餒，你仍然在練習中。

若再發生同樣的事情，你可以應用書中學習過的方法，然後不斷嘗試吧！

憤怒的程度
只是4……

要是你們願意的話，絕對
沒有問題的。相信你們一定可
以跟憤怒小子做好朋友啊！

後記

看完這本書後，大家有什麼感想呢？可能有很多人會想「憤怒原來從各式各樣的情感產生出來的！」、「非常理解怒吼桐美的焦躁！」也可能有些人會認為「只需數6秒，真的可以平復怒氣嗎？」、「我沒有信心可以控制怒氣……」。

各人皆有不同之處，各人的內心也不一樣。因此，書中的方法並不一定最適合大家，請你們盡力找出適合自己「跟憤怒相處」的方法。把從這本書中學到的東西，用自己的方式演繹出來。

從生氣開始，面對自己的情感，緊緊檢視整個過程，是一件很吃力的事。對大人來說，這也不是一件簡單的事，所以大家已經很棒了。儘管有時候不能與憤怒好好相處，但你不需要感到失落或對自己失望。總之不要急，慢慢進行便可以了。

世界上重要的事情太多了，如果不靜下心來是發現不到的。若你能不被憤怒左右，保持內心平靜的話，就會對別人更加體貼，也可以增強自信心。請就這樣擦亮自己吧！

名越康文

正向性格修煉術

別成為被憤怒支配的人！

編　　著：名越康文
翻　　譯：謝潔欣
責任編輯：劉紀均
美術設計：鄭雅玲
出　　版：新雅文化事業有限公司
香港英皇道 499 號北角工業大廈 18 樓
電話：(852) 2138 7998
傳真：(852) 2597 4003
網址：http://www.sunya.com.hk
電郵：marketing@sunya.com.hk
發　　行：香港聯合書刊物流有限公司
香港荃灣德士古道 220-248 號荃灣工業中心 16 樓
電話：(852) 2150 2100
傳真：(852) 2407 3062
電郵：info@suplogistics.com.hk
印　　刷：中華商務彩色印刷有限公司
香港新界大埔汀麗路 36 號
版　　次：二〇二〇年十二月初版
二〇二三年三月第二次印刷

ISBN: 978-962-08-7620-2
Translated from *MO FURIMAWASARENAI! IKARI・IRAIRA*（もうふりまわされない！怒り・イライラ）
supervised by Yasufumi Nakoshi

Original Japanese edition is published in 2017 by Nihon Tosho Center Co., Ltd.
This Traditional Chinese edition is published by arrangement with Nihon Tosho Center Co., Ltd., Tokyo in care of Tuttle-Mori Agency, Inc., Tokyo through Inbooker Cultural Development (Beijing) Co., Ltd., Beijing

18/F, North Point Industrial Building, 499 King's Road, Hong Kong
Published in Hong Kong SAR, China
Printed in China